세상을 바꾸는 **아름다운 부자 이야기 04**

# 홍콩 최고 부자 리카싱

세상을 바꾸는 아름다운 부자 이야기 04
## 홍콩 최고 부자 리카싱

기획 · 손영운
글 · 정윤미
그림 · 조명원
채색 · 정윤채

펴낸이 · 조승식
책임편집 · 이진경
편집 · 김경숙, 박진희, 조슬지, 이수정
제작 · 이승한
마케팅 · 김동준, 임종우, 이상기
관리 · 박종환, 하나리, 송연숙
펴낸곳 · BH balance & harmony
등록 · 제22-457호
주소 · 01043 서울 강북구 한천로153길 17
홈페이지 · www.bookshill.com
전자우편 · bookswin@unitel.co.kr
전화 · (02)994-0071
팩스 · (02)994-0073

2017년 4월 5일 1판 1쇄 인쇄
2017년 4월 10일 1판 1쇄 발행

값 12,000원
ISBN 979-11-5971-076-6
       978-89-5526-936-9(세트)

BH balance & harmony는 (주)도서출판 북스힐의 단행본사업부 임프린트입니다.
* 잘못된 책은 구입하신 서점에서 바꿔 드립니다.
  이 책의 수익금 일부는 어려운 이웃을 돕는 단체에 기부됩니다.

세상을 바꾸는
아름다운 부자 이야기 04

홍콩 최고 부자
# 리카싱

기획 손영운
글 정윤미 | 그림 조명원

기획자 글

# 멋진 부자가 되기를 바라며

　우리는 부자를 꿈꿉니다. 좋은 동네에 있는 으리으리한 집에서, 남들이 부러워하는 멋진 차를 타고, 또 원하는 명품은 뭐든 살 수 있는 돈 많은 부자가 되었으면 좋겠습니다. 그래서 돈 많이 버는 직업을 갖고 싶고, 유명한 사람이 되었으면 좋겠고, 하는 일은 무엇이든 '대박'이 터졌으면 좋겠습니다.

　그런데 이런 우리의 생각을 뛰어넘어 '더 멋진 삶'을 사는 부자들이 있습니다. 그들은 내가 가진 것으로 우리 가족 몇 명이 아니라 세상의 아주 많은 사람들을 행복하게 할 수 있다고 믿는 사람들입니다. 대표적인 사람이 빌 게이츠입니다.

　빌 게이츠는 먼저 자신이 하는 일을 이용해서 학교와 도서관에 컴퓨터를 무료로 나누어 주었습니다. 그리고 아프리카 어린이들이, 손쉽게 구할 수 있는 약을 구하지 못해 속수무책으로 죽어 가는 것을 본 후에는 그 아이들을 위해 엄청난 돈을 내놓았습니다. 덕분에 아프리카 아이들이 목숨을 건지고 미래를 꿈꿀 수 있게 되었습니다. 그는 1994년 한 잡지사와의 인터뷰에서, 많은 재산을 자녀들에게 남기는 것은 정신 건강에 해롭다면서, 번 돈의 95%를 사회에 내놓겠다고 약속하기도 했습니다. 한 사람의 부자가 어떤 마음을 먹느냐에 따라 아주 많은 사람들의 삶이 바뀌고, 진정한 부자란 이렇게 멋지게 세상에 영향을 끼치는 사람이구나 하고 전 세계가 놀라고 감동했습니다.

"세상을 바꾸는 아름다운 부자 이야기"는 우리가 본받고 싶은 '진짜' 부자들의 삶을 그린 만화입니다. 그들이 꿈을 이루기 위해 어떻게 어려움을 이겨내고 또 어떤 노력을 기울였는지를 볼 수 있습니다. 그리고 부자가 되는 것도 힘들지만, 피땀 흘려 번 돈을 사회나 이웃을 위해 쓰기는 더더욱 어려운 일입니다. 우리는 그들이 왜 힘들게 번 돈을 다른 사람을 위해 아낌없이 내놓았는지, 각 사람의 이유도 들을 수 있습니다.

석유왕 록펠러는 이런 말을 했습니다. "나는 신으로부터 돈을 벌 수 있는 재능을 받았기 때문에 돈을 버는 것은 내 의무이며, 더 많은 돈을 주위 사람들에게 양심이 시키는 대로 써야 한다."

이 책을 읽는 여러분도 꿈을 꾸고 그것을 이루기 위해 꾸준히 노력할 수 있다면, 이미 부자가 될 수 있는 재능을 받은 것이라고 저는 믿습니다. 그런 여러분이 이 책의 주인공들처럼 열심히 살며 주위 사람들에게 양심이 명하는 대로 나눌 수 있는 진짜 멋진 부자가 되기를 바라 봅니다.

기획자 손영운

★ 이 책의 이야기는 사실을 바탕으로 각색되었음을 밝힙니다.

차례

첫 번째 이야기 ...8
## 대지진 현장에 나타난 노신사

두 번째 이야기 ...34
## 주변을 변화시키는 소년

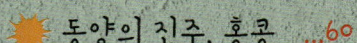
● 동양의 진주, 홍콩 ...60

세 번째 이야기 ...64
## 마음을 다하여 성공에 다가서다

네 번째 이야기 ...80
## 고난과 도전: 발돋움을 위한 날갯짓

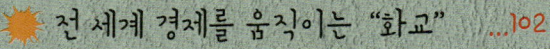
● 전 세계 경제를 움직이는 "화교" ...102

다섯 번째 이야기 ...106
## 때를 기다릴 줄 아는 사람

**여섯 번째 이야기** ...124
# 인재를 소중히 여기는 사람

☀ 리카싱 회장의 사람을 사귀는 기준, 육불합·칠불교 ...142

**일곱 번째 이야기** ...144
# 재능을 기부하다

**여덟 번째 이야기** ...164
# 고향에서 온 편지

☀ 기부, 돈으로만 한다? NO! 우리 생활 속 다양한 기부 ...184

**아홉 번째 이야기** ...188
# 기부의 나비 효과

**열 번째 이야기** ...204
# 아버지의 이름으로

☀ 청쿵 그룹과 리카싱 기금회의 오늘 ...220
☀ 되짚어 보고 생각해 보고 ...222
☀ 중국 근현대사와 함께 보는 리카싱 연표 ...224

# 첫 번째 이야기
## 대지진 현장에 나타난 노신사

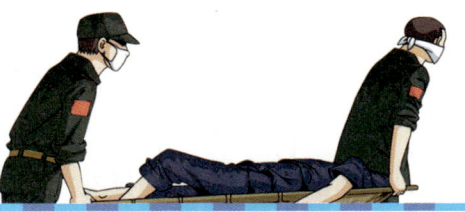

2008년 5월, 중국 남서부에 위치하며 《삼국지》의 배경 무대로 알려진 쓰촨 성에서 그 누구도 예상하지 못한 무시무시한 진도 8의 대지진이 일어났다.

쓰촨 성 지진의 시작점이었던 청두 시 원촨 현

• 여진: 큰 지진이 일어난 다음에 얼마 동안 잇따라 일어나는 작은 지진(국립국어원)

베이징 올림픽을 얼마 남겨두지 않고 일어난 대참사로 중국은 큰 혼란에 빠졌고, 군대까지 힘을 모았지만 당장 건물더미에 깔린 사람들을 구하는 데도 손이 모자랐다.

이런 현실을 보고도 아무것도 할 수 없다니….

이봐, 쓸데없는 감상 따윈 접어 두고 일이나 하자고.
장비가 턱없이 부족합니다.

이럴 때 구조 인력과 물품만 넉넉히 있어도 얼마나 좋겠어요.

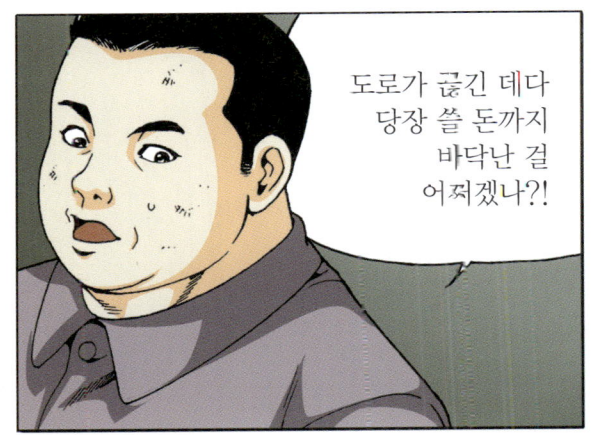

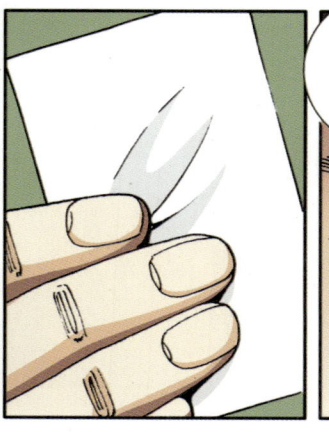

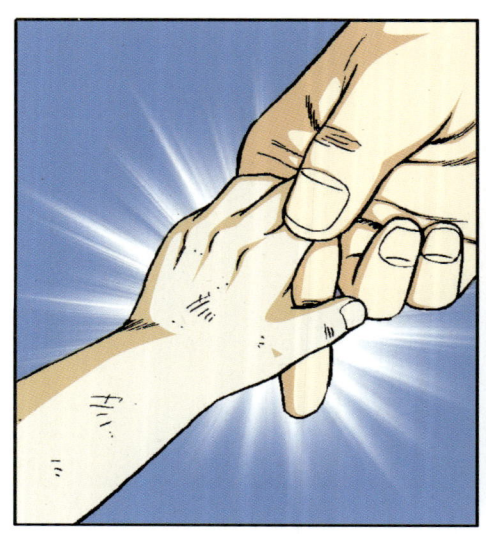

그리고 이 아이도 잘 부탁드립니다.

위험한 대지진 현장에 그 누구보다 빨리, 한걸음에 달려와 큰돈을 기부한 노신사

애야, 울지 말고 씩씩하게 잘 자라야 한다.

그는 장사의 신(神)이라 불리며 아시아 최고 부자 1, 2위로 손꼽히고 있는 홍콩 청쿵 그룹의 대표 리카싱이었다.

리카싱은 1928년 중국 광둥 성 차오저우 시에서 초등학교 교장인 아버지와 가정주부인 어머니 사이에서 삼 남매 중 첫째로 태어났다.

남부럽지 않은 가정에서 평범하게 성장하던 그의 삶은 중일 전쟁*이 터지면서 모든 것이 바뀌고 만다.

전쟁을 피해 홍콩으로 간 리카싱의 가족은 하루아침에 오 삼촌 집에 얹혀사는 신세가 되었다.

• 중일 전쟁: 1937년에 일본이 중국을 정복하려고 일으킨 전쟁. 1945년에 일본이 연합국에 항복함으로써 끝이 났다.

• '중국' 본토를 가리킨다.

### 홍콩 사람들의 주식 사랑

홍콩은 땅덩어리가 좁고, 자원이 풍부하지 않아서 사람들이 돈을 벌 수 있는 기회나 방법이 많지 않았다. 그러나 영국의 지배를 받은 영향으로 금융이 발달하여, 주식에 투자하여 돈을 벌려는 사람들이 많았다. 남녀노소 할 것 없이 많은 사람들이 주식 투자를 했고, 후에 리카싱이 돈을 벌게 된 시작도 기업 활동과 관련 있는 주식 투자와 부동산 투자였다. 지금도 홍콩은 아시아의 금융 중심지로 통한다.

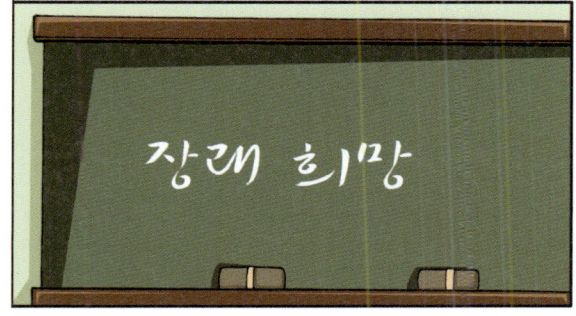

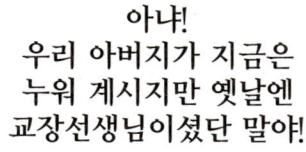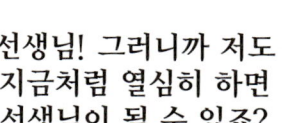

## 두 번째 이야기
# 주변을 변화시키는 소년

리카싱은 생각했다.
어린 동생들과 엄마를 돌보려면
장사를 배워야 한다고.

15살의 리카싱은
찻집에서 새벽
5시부터 15시간이
넘게 일했다.

호오…

호오….

딸랑
딸랑

• 딤섬: 중국 남부의 광둥 지방에서 먹는, 한 입 크기의 만두 요리.

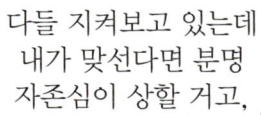

• 유치카오: 상어 지느러미로 만든 딤섬.
• 춘젠: 돼지고기로 만든 비교적 저렴한 딤섬.

• 얌차: 홍콩 사람들이 즐기는 차 문화로, 차와 딤섬을 곁들여 먹는다. '얌차'는 '차를 음미한다'는 뜻이며, 홍콩에서 찻집은 이런 얌차를 파는 가게를 말한다.

리카싱은 사람의 인연을 특히 중요하게 생각하여 절대로 적을 만드는 법이 없었다. 그런 그의 생각은 그의 말 중에도 잘 나타나 있다.

"사람과 사람이 만나는 것은 인연이다.
인연을 중요하게 여겨야 사업에도 꽃이 필 수 있다."

그런 그에게 가슴 따뜻한 첫사랑이 조용히 다가왔다.

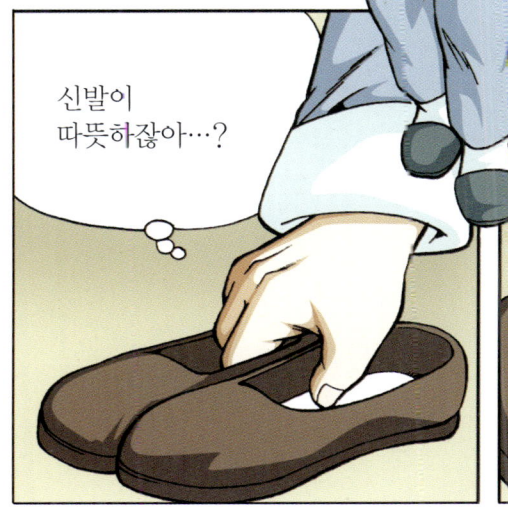
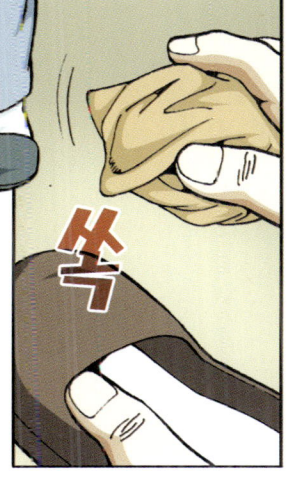

상대는 리카싱에게 홍콩말과 영어를 가르쳐 주던 외사촌 누이!

훗날 평생을 함께한 쫭웨밍[庄月明]이다.

# 동양의 진주, 홍콩
## : 중국인 듯 중국 아닌 중국 같은 너~

쇼핑과 금융·무역의 도시, 화려한 마천루의 도시로 알려진 홍콩! 지금은 중국 땅이지만 20여 년 전에는 영국의 통치를 받고 있었어요. 그러니까 리카싱 회장이 사업을 일구던 때 홍콩은 영국의 식민지였지요. 오늘날 홍콩은 동서양의 문화가 뒤섞여 있는 매력적인 곳으로, 많은 관광객이 찾는 곳이랍니다.

포르투갈의 지배를 받았던 마카오와 함께 중국의 특별행정구로 관리되고 있는 홍콩의 다채로운 모습과 파란만장한 역사에 대해 알아봅시다.

### 홍콩에 대한 기본 상식!

중국의 광둥 성 남동부에 위치한 홍콩은 서울에서 비행기로 약 3시간 30분 걸리는 거리에 있으며, 크기는 서울의 1.8배 정도예요. 시간은 우리나라보다 1시간이 늦어서, 우리나라가 오후 1시라면 홍콩은 오후 12시랍니다.

원래 홍콩에서는 지역어인 광둥 어와 영국의 영향으로 영어를 썼는데, 1997년 중국에 반환되면서 중국 표준말인 베이징 어도 함께 쓰도록 하고 있어요. 하지만 홍콩 사람들은 여전히 익숙한 광둥 어와 영어를 주로 쓴다고 해요.

흥미로운 것은, 중국의 지역 사투리인 광둥 어와 중국의 표준어인 베이징 어는 한 나라 말이지만 서로 알아들을 수 없을 정도로 다르다고 해요. 광둥 어

홍콩은 중국 광둥 성 남동부에 위치해 있으며, 크기는 서울의 1.8배 정도다.

로 읽은 '리카싱'도 베이징 어로는 '리자청'이 되며, 리카싱의 회사인 '청쿵[長江(장강)]'은 베이징 어로 '창장'으로 읽는답니다.

불을 밝힌 마천루가 만들어 낸 홍콩의 화려한 야경.

### 국제 도시 홍콩

앞에서 홍콩을 '화려한 마천루의 도시'라고 했지요? 마천루란, 하늘을 찌를 듯이 높이 솟은 고층 건물을 말하는데, 홍콩의 경제 수준을 말해 주는 대표적인 풍경이랍니다.

홍콩은 원래 땅이 좁고 자원이 부족한 곳이에요. 하지만 동서양으로 이어지는 길목에 위치해 있어서, 옛날부터 물건을 사고파는 무역이 활발하게 이루어졌어요. 경제가 발달한 곳에 국제적인 금융 기관이 하나둘씩 들어오기 시작하고 또 다국적 기업이 아시아 본사를 세우면서 홍콩은 오늘날과 같은 국제적인 금융 도시가 되었답니다.

부유한 도시인 만큼 홍콩의 물가는 비싸기로 유명한데요. 2016년 미국의 한 회사가 전 세계 도시들을 대상으로 조사한 결과, 집값·교통비·식비 등 생활비를 따져 봤을 때 외국인이 살기에 제일 비싼 도시로 홍콩이 뽑혔다고 해요(우리나라 서울은 15위).

### 영국에서 중국으로…, 홍콩의 반환!

지금의 중국이 있기 전에 중국 땅에는 '청나라'가 있었습니다. 청나라는 마약의 한 종류인 아편을 자기 백성들에게 팔던 영국과 전쟁을 벌이게 되는데, 안타깝게도 지고 맙니다. 전쟁 이후 청은 억울하게 영국과 '난징 조약'을 맺으면서, 홍콩 섬을 시작으로 홍콩 섬 위쪽 지역까지 차례로 영국에 넘겨주게 돼요.

그때 영국은 청이 곧 망할 거라고 생각했어요. 그래서 이 지역을 100년간 빌리겠다고 하지요. 그런데 지금 우리가 보듯이 청은 중화 인민 공화국으로 유지되었고(유지된 정도가 아니라 막강한 힘을 가진 대국이 되었지요.), 영국은 1997년 7월 1일에 홍콩을 중국에 반환, 즉 돌려주었답니다.

### 한 지붕 두 가족, 중국과 홍콩

150여 년을 영국의 지배를 받은 까닭에(중간에 잠시 일본군이 지배하기도 했어요.) 홍콩은 중국 본토와 다르게 여러 부분에서 서양의 색을 많이 띠게 되었어요. 품으로 돌아온 자식이었지만 중국은 홍콩의 다름을 인정한답니다. 그래서 홍콩이 계속 번영할 수 있도록 '한 나라에 두 시스템(1국 2체제)'을 적용하여 홍콩을 '중화 인민 공화국 홍콩 특별행정구'로 따로 관리하고 있어요(포르투갈의 지배를 받았던 마카오도 같은 적용을 받고 있답니다).

구체적으로 말하면, 홍콩은 국방과 외교를 제외하고 행정, 입법, 사법권을 중국과는 다르게 독립적으로 운영하고, 자본주의 사회, 경제 제도, 생활방식을 유지하고 있어요. 중국은 위안화를 쓰지만, 홍콩은 홍콩달러를 쓴답니다.

홍콩 사람들에게 '어느 나라 사람이냐'고 물으면 대부분이 홍콩 출신이라고 답한다고 해요. 기본적으로 중국과 다르다고 생각하고 있는 것이지요.

### 아편 전쟁

1800년대에 서양에서는 청나라의 차와 도자기, 비단이 큰 인기를 끌었다. 반면에 서양의 물건은 청나라 사람들에게 인기가 없어서, 청에서 많은 물건을 수입해 가던 영국은 돈만 쓰고 벌지는 못하는 상황이 되자 그 해결책으로 인도에서 마약의 종류인 아편을 가져다가 청나라에 팔았다. 청나라 정부는 마약에 빠진 백성이 늘고 마약을 사느라 경제가 나빠지자 영국 상인들에게서 아편을 빼앗아 불태워 버린 후 무역을 금지했는데, 영국이 이 일을 빌미로 청나라를 공격하여 1840년에 아편 전쟁이 일어났고, 청은 전쟁에서 지면서 영국의 요구를 들어주는 '난징 조약'을 맺게 된다.

반환 이전의 홍콩 깃발. 왼쪽 위에 영국 극기인 유니언잭이 그려져 있다.

오늘날 홍콩의 깃발.

동서양의 사고방식이 뒤섞여 있는 홍콩 사람들은 편의상 영어 이름이나 애칭도 하나씩 가지고 있는데, 리카싱의 아들들인 리저쥐, 리저카이도 빅터 리, 리처드 리라는 영어 이름을 같이 쓰고 있어요. 그리고 홍콩의 차들은 영국의 영향으로 여전히 운전석이 오른쪽에 있고 좌측통행을 하고 있답니다.

## 여기서 잠깐! 중국의 민족과 행정 구역

중국은 러시아, 캐나다, 미국에 이어 전 세계에서 네 번째로 큰 나라입니다. 땅이 넓은 만큼 다양한 민족이 살고 있는데, 그 수가 가장 많은 한족부터 좡족, 몽골족, 우리 동포인 조선족까지 55개의 민족으로 구성되어 있는 다민족 국가가 바로 중국이랍니다. 중국은 그 넓은 땅을 22개의 성과 4개의 직할시, 5개의 자치구, 2개의 특별행정구로 나눠서 관리하고 있어요(중국은 타이완을 자신들의 성에 포함하여 23개의 성이 있다고 말해요). '성'은 우리나라의 '도'와 비슷하고, 각 성에는 '성도'라는 중심 도시가 있어요. 그리고 자치구는 한족을 제외한 어느 한 민족이 많이 모여 사는 지역으로, 이곳에서는 간판, 관공서 서류 등에 그 소수 민족의 언어와 중국어를 같이 쓰도록 하고 있답니다. 특별행정구는 본토와 구별하여 많은 권한을 주는 곳으로, 홍콩의 경우는 올림픽에 따로 출전할 정도예요.

**22개 성** 허베이 성, 산시 성, 산둥 성, 안후이 성, 장쑤 성, 장시 성, 저장 성, 푸젠 성, 허난 성, 후베이 성, 후난 성, 광둥 성, 하이난 성, 헤이룽장 성, 지린 성, 랴오닝 성, 산시 성, 간쑤 성, 칭하이 성, 구이저우 성, 쓰촨 성, 윈난 성
**4개 직할시** 베이징 시, 톈진 시, 상하이 시, 충칭 시
**5개 자치구** 네이멍구 자치구, 광시 좡 족 자치구, 시짱 자치구(티베트), 닝샤후이 족 자치구, 신장웨이우얼 자치구
**2개 특별행정구** 홍콩 특별행정구, 마카오 특별행정구

### 세 번째 이야기
# 마음을 다하여 성공에 다가서다

리카싱이 외삼촌의 시계 회사를 그만둔 후에 한 일은 철물 제품을 상점에 파는 일이었다.

그는 이 일을 하면서, 사람들은 팔려고 하면 일단 거절부터 한다는 것을 알게 되었다.

때문에 상대방의 마음을 먼저 얻는 방법에 대해 많은 고민을 하였다.

사장님, 이 제품은 이번에 아주 야심차게 만든 거예요.

아 글쎄, 몰라. 바쁜데 왜 자꾸 와서 귀찮게 해?!

그러지 마시고 제 말을 한번만 들...

아, 글쎄 관심 없다니까!

리카싱은 물건을 팔 때 사람과 사람 사이의 '인연'을 먼저 생각하게 되었고, 자신이 파는 것은 '제품'이 아니라 '자기 자신'이라는 것을 깨달았다.

"이렇게 올 때마다 말벗도 되어 주는데 난 해 주는 게 없으니…."

"네가 파는 자물쇠는 우리 호텔에도 필요는 하지만, 그건 사장님이 결정하는 일이라 내가 해 줄 수 있는 게 없구나."

그리고 리카싱은 직원에게는 제품 이야기를 꺼내지 않았다.

결정권이 없는 직원에게 할 수 없는 일을 부탁하는 것은 소용없는 일이라고 생각했다. 대신에 그에게서 다양한 정보를 얻었다.

호텔 사장 아들은 자신을 진심으로 대하는 리카싱을 친형처럼 따랐다.

함께 놀고 온 날이면 리카싱에 대해 쉴 새 없이 자랑했다.

오늘 형이 올 거니까 잘해 줘야 해.

그래그래. 너랑 잘 놀아 줬다니 고맙구나.

네 손님이니 아버지가 잘 대접해야지.

딩동

리카싱이란 아이가 왔습니다.

그 순간은 리카싱에게 매우 중요한 순간이었다.
그는 호텔 사장 앞에서 비록 나이는 어리지만
상인으로서 큰 그릇을 내보였다.

사장님 호텔은 객실 수가 380개로 알고 있습니다.

어떻게 그런 것까지 알고 있지? 계속해 보거라.

그리고 지금의 자물쇠는 오래돼서 곧 전부 바꿔야 한다고 들었습니다.

… 그것들 모두 저희 제품으로 바꿔 주십시오!

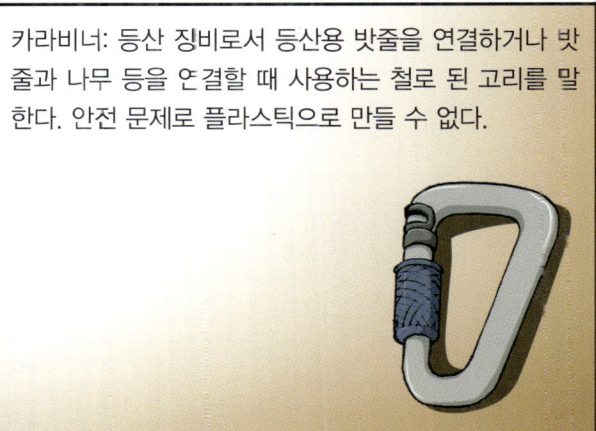

**네 번째 이야기**

# 고난과 도전: 발돋움을 위한 날갯짓

리카싱이 사업을 시작할 무렵, 홍콩은 그야말로 기회의 땅이었다. 중국 대륙에서 많은 난민이 홍콩으로 넘어왔고, 인구도 그만큼 늘어났다.

대륙에서 온 사람들은 빈손으로 온 것이 아니라 재산과 기술 그리고 엄청난 노동력을 가져왔다. 홍콩의 경제는 폭발적으로 성장할 수밖에 없었다.

"장사를 하는 데는 세 가지 방식이 있다.

첫 번째는 새로운 것을 창조하라.
두 번째는 개선하라.
세 번째는 시대의 흐름을 따르라."

— 리카싱 —

청쿵 플라스틱에 첫 출근하는 날.

탁 탁 탁

카싱아….

사람은 가난해도 뜻을 꺾지 말아야 한다.

고생을 해 본 사람만이 우뚝 설 수 있단다. 그러니 실패를 해도 절대 절망하지 말고, 성공을 해도 초심을 잊지 말거라.

리카싱의 삶에 나침반이 된 아버지의 가르침이 뜻을 이루는 방향과 성공에 대한 것이었다면,

어머니는 겸손한 마음으로 사람들과 더불어 살아가는 법을 가르쳐 주었다.

산터우• 달에서는 돼지 간(肝)은 관(官)과, 대파[蔥, 파 총]는 총명함[聰, 총명할 총]과, 미나리[芹, 미나리 근]는 근면함[勤, 부지런할 근]과 발음이 같단다.

• 산터우: 중국 광둥 성 동부에 있는 항구 도시. 리카싱의 그향 차오저우의 아래에 위치해 있다.

리카싱은 30살이 되기 전에 더 이상 돈을 벌지 않아도 될 정도로 큰 성공을 거두었는데, 특별히 그에게는 '세상을 읽는 눈'이 있었다. 그는 첫 사업으로 플라스틱을 선택했고 그 예감은 보란 듯이 적중했다.

이제 시작이야!

1950년, 올해 한국 전쟁이 일어났어. 철이 부족한 상황에서 플라스틱이 분명히 인기를 끌 거야. 틀림없어!

어서 직원들을 뽑아야 해!

플라스틱을 만드는 과정은 단순하니까,

값싼 노동자들을 뽑아서 간단히 교육만 시키면 얼마든지 제품을 생산해 낼 수 있어.

그러나 성공의 꿈에 너무 부푼 나머지 지나치게 의욕이 앞서고 말았다.

이런 분위기에도 제품은 날개 돋힌 듯이 팔려 나갔다.

밀려드는 주문에 공장은 쉴 새 없이 돌아갔다.

하~! 끊임없이 주문이 들어오는구나!

어서 박차를 가합시다!

조금만 더 빨리, 빨리요!

요즘 일이 많은 것 같던데, 회사가 잘되는 것도 중요하지만 반드시 주변을 돌아봐야 한다.

직원들을 소중히 여겨야 해. 그들이 없으면 회사도 없단다.

어머니, 지나친 걱정이세요.

보세요! 주문이 이렇게나 밀려 들어오고 있다고요. 우리도 이젠 고생 끝이에요.

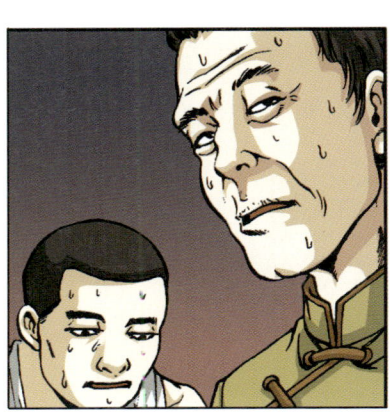

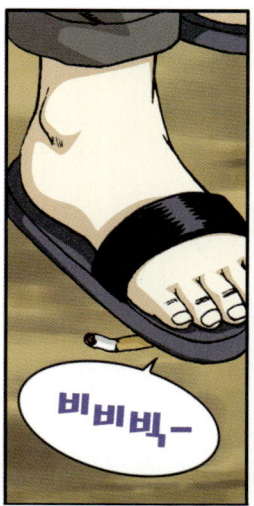

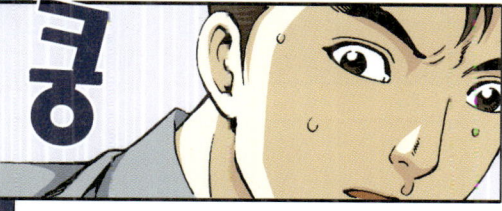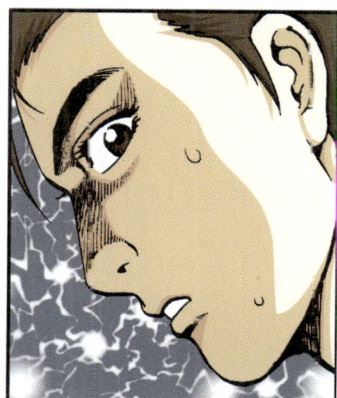

노동자들의 반란!
사람에게는 돈 같은 보상 외에도
다른 것이 필요하다.

그것은 바로 인간적인 '믿음'과 '대우'다.
리카싱은 피땀 흘린 공장이 멈춘 후에야
비로소 그것을 깨달았다.

그리고 언제나 그럴듯이

재앙은 홀로 오지 않았다!

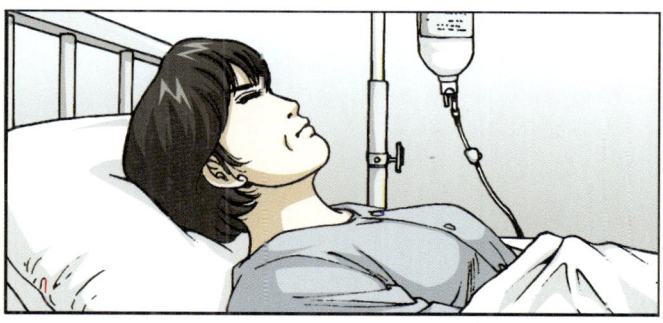

진심으로… 죄송합니다.

정말 이럴 의도는 아니었습니다….

젊은 사장! 사람을 부릴 때는 말이오, 그 사람의 손을 보는 게 아니라 눈을 보는 거요.

…

그 일이 있고 난 후 리카싱은 직원들에게 용서를 구했고, 진심을 받아들인 사람들은 회사를 회복시키기 위해 힘을 모았다.

회사가 제자리를 찾고 모든 빚을 갚던 날, 리카싱은 직원 한 사람 한 사람의 손을 잡으며 고마움을 전했다.

그리고 젊은 시절, 사람을 이끄는 참된 방법을 가르쳐 준 이들 직원들이 나이가 들어서도 일할 수 있도록 청쿵 실업(청쿵 플라스틱)을 계속 운영하였다.

할아버지~.

으이차! 우리 예쁜이~!

그가 그들을 오래도록 곁에 두려 했던 진짜 이유는 어쩌면 사람을 중시해야 한다는 뼈아픈 교훈을 가슴에 새기기 위함일지도 모른다.

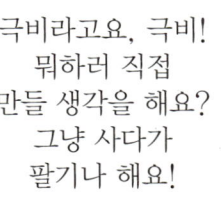

이탈리아

어디 보자. 외국인에다가 여행 비자뿐이라

폐기물 처리 밖에 못 시킬 것 같은데, 그거라도 좋습니까?

네, 하겠습니다.

"좋은 기회란 어디에나 있다.
그러나 사람마다 그 기회를 잡을 수 있는 것은 아니다.
문제는 위험을 받아들일 수 있느냐 없느냐에 달려 있다."

-리카싱-

그로부터 얼마 후

홍콩의 사무실과 가정집, 식당 등 대부분의 공간에 플라스틱 꽃이 진열되기 시작했다. 한발 더 나아가, 청쿵의 플라스틱 꽃은 유럽으로 수출되었고 뒤이어 북미에서도 큰 인기를 끌었다.

리카싱의 청쿵 플라스틱은 이름 없는 작은 회사에서 플라스틱 하나로 세계 최대 규모의 회사로 성장하였다. 리카싱은 이 일로 '플라스틱 꽃 대왕'이라는 별명을 얻었다. 1950년에 회사를 세우고 10년이 채 안 돼 일구어 낸 결과였다.

• 청쿵: 중국 대륙 중앙을 가로지르는 6,300킬로미터에 이르는 '장강(長江)'을 홍콩 말로 읽은 것이다. 장강은 나일 강, 아마존 강에 이어 세계에서 세 번째로 긴 강이며, 중국어로는 '창장'이라고 읽고 외국에서는 흔히 양쯔 강이라고 부른다. 리카싱은 이 강의 이름을 따서 회사 이름을 지었다.

# 전 세계 경제를 움직이는 "화교"

리카싱 회장은 중일 전쟁 때 고향을 떠나 홍콩에서 성공한 대표적인 '화교'입니다. 우리나라에도 많은 화교들이 우리의 이웃으로 살아가고 있는데(요즘 방송에 나오는 이연복 셰프님도 화교라지요.), '화교'란 정확하게 어떤 사람들인지 알아봅시다.

### 화교(華僑)

원래 화교는 중국 본토나 타이완 국적을 지닌 채 외국에서 살아가고 있는 중국 사람들을 말해요. 중국 사람들 기준으로 보면 외국에 사는 동포라고 할 수 있지요.

"바닷물이 닿는 곳에 화교가 있다." "한 그루 야자나무 밑에 세 명의 화교가 있다." "연기 나는 곳에 화교가 있다."는 말이 있듯이, 화교는 세계 곳곳에 많은 수가 퍼져 있어요. 그중에서 동남아시아에 특별히 많은데, 싱가포르와 홍콩 등이 세계 화교 문화의 중심지랍니다(전 세계 모든 국가 중 화교 수가 가장 많은 나라는 태국입니다). 우리나라에도, 한국에서 태어났지만 중국인으로 문화를 지키며 살아가는 화교들이 많이 있어요.

지금은 시대가 변하여 살고 있는 나라의 국적으로 바꾸는 화교들이 늘고 있지만, 그들 역시 생활 방식만큼은 바꾸지 않고 중국 문화를 지키며 살아가고 있다고 합니다.

#### 화교의 손에서 탄생한 음식, 짜장면과 짬뽕

짜장면과 짬뽕은 중국집에서 자주 먹는 음식이지만, 사실은 중국에는 없는, 한국과 일본에서 탄생한 음식들이다. 짜장면은 인천으로 건너와 살던 화교가 중국의 음식을 한국인의 입맛에 맞춰 전혀 새롭게 개발한 것이고, 짬뽕은 일본 나가사키에 살던 화교가 중국 음식을 응용해 일본 현지의 풍부한 재료들로 만든 것이다.

### 응집력, 장사 수완…, 화교의 특징

　동서양 어디를 가나 화교들은 현지인들과 구분되는 특징이 있어요. 무엇이 그들을 '화교'로 만드는 걸까요?

　첫 번째로 화교들은 고향의 문화와 혈연을 아주 중요하게 생각하고, 고국에 대한 애정이 대단합니다. 때문에 타국에서도 함께 모여 사회를 이루고 중국어를 사용하면서 현지 사람들과는 구별되는 생활을 하는 경우가 많아요. 그것을 잘 보여 주는 것이 '차이나타운'입니다.

　차이나타운은 미국, 영국, 일본, 전 세계 어디를 가나 있고, 분위기 또한 비슷해요. 차이나타운 입구에는 중국 전통의 '패루'라고 부르는 큰 문이 세워져 있어요. 우리나라 인천, 부산 등에 있는 차이나타운에 가도 이 패루라는 문을 볼 수 있어요. 우리나

화교들은 어딜 가나 중국 문화를 지키며 살고 있다. 영국 리버풀(왼쪽)과 쿠바 하바나(오른쪽)에 있는 차이나타운 모두 차이나타운임을 알리는 패루가 있다.

우리나라 인천에 있는 화교 중산 학교.

라의 화교들은 화교 학교를 통해서도 민족 문화를 지키고 있어요. 자녀들을 화교 학교에 보내 고국에 대해 가르치고 잊지 않도록 한답니다.

　화교들의 두 번째 특징은 사업 수완이 좋아서 부자가 많다는 것이에요. 대부분 상업과 금융 쪽 일을 하면서 큰돈을 벌어 사회적으로도 큰 힘을 발휘하고 있어요. 전 세계 경제에 미치는 그들의 영향력은 유대 인들에 비유될 정도로 대단하답니다. 전 세계 화교 상인들이 모이는 '세계 화상 대회'는 열릴 때마다 화제가 되어 개최되는 나라에서 뉴스로 소개될 정도예요. 세계 화상 대회는 화교들의 응집력과 뛰어난 사업 수완이 만들어 낸 결과물이라고 할 수 있어요.

### 세계 화상 대회

동남아시아, 미국, 유럽 등 전 세계의 화상(화교 상인)들이 모이는 대규모 상인 회의로, 국경을 초월한 화상들의 네트워크다. 1991년부터 시작되어 2년에 한 번씩 세계를 돌며 열린다. 참석한 화상들은 사업 정보를 나누는 것은 물론, 중국 본토와 함께할 수 있는 사업 분야를 찾는 등 고급 정보를 주고받으며 친목도 쌓는다. 회의 때마다 수천 명의 화상들이 참석하고 있는 것으로 알려져 있다. 2005년에는 서울에서 8차 세계 화상 대회가 열렸고, 당시 노무현 대통령이 참석해 축하해 주었다.

### 여기서 잠깐! 또 다른 특징적인 민족, 유대 인

유대교 경전을 읽는 유대 인 할아버지. 유대 인들은 어려서부터 종교 생활을 철저하게 지키도록 교육받는다.

화교보다 앞서, 전 세계를 무대로 막강 파워를 펼치며 세계인의 시기와 부러움을 한 몸에 받아 온 민족이 있어요. 바로 유대 인입니다. 유대 인은 전통과 가족, 민족 간의 연결, 자녀 교육을 중요하게 생각하는 것으로 유명해요.

전 세계에 미치는 유대 인의 영향력은 대단한데, 전 세계 인구의 0.2 % 정도밖에 안 되는 그들에게서 노벨상 수상자의 약 30 %가 나왔고, 미국 인구의 3 %도 안 되는 그들이 미국의 경제와 정치를 쥐락펴락하고 있다고 합니다(미국을 움직인다는 것은 세계를 움직이는 것과 다름이 없어요).

과학자 아인슈타인, 영화감독 스티븐 스필버그, 작곡가 쇼팽, 유명한 경제인 워런 버핏, 기업인 마크 저커버그 모두 유대 인으로, 유대 인은 다양한 분야에서 뛰어난 모습을 보이고 있습니다. 이런 이유로 유대 인의 자녀 교육은 전 세계 부모님들로부터 큰 관심을 받고 있어요.

유대 인을 일컫는 말로 '디아스포라(diaspora)'라는 말이 있어요. 세계 각지에 흩어져 살면서 민족 종교인 유대교의 규범과 생활 관습을 유지하는 유대 인을 가리켜요. 지금은 그 의미가 커져서, 고향을 떠나 다른 곳에서 자신들의 규범과 관습을 유지하며 살아가는 민족 혹은 그들이 사는 지역을 가리키는 말이 되었어요. 그래서 '화교 디아스포라'라는 말도 쓰이고 있답니다.

## 다섯 번째 이야기
## 때를 기다릴 줄 아는 사람

중국 대나무 중에 모소 대나무는 성장 과정이 독특하다. 씨앗을 뿌리고 물을 주며 몇 년을 돌봐도 대나무는 좀처럼 자라지 않는다.

그러나 묵묵히 5년을 기다리면 이제 놀라운 일이 일어난다.

대나무는 단 6주 동안에 무려 15미터 넘게 한번에 쑥 자란다.

묵묵히 때를 기다리며 노력을 게을리하지 않는 것, 이것이 모소 대나무의 성장이 주는 교훈이다.

많은 회사가 들어갈 수 있는 건물을 만드는 거다. 사람들에게는 합리적인 가격으로 공간을 빌려주고, 그 돈으로는 또 다른 건물을 살 수 있을 거야.

플라스틱 사업은 그대로 잘되고 있으니 부동산 투자에 위기가 와도 잘 버텨 줄 거야.

이때 그가 세운 건물은 학교 교실 168개 정도를 모아 놓은 엄청난 크기였다.

그때부터 리카싱은 거대한 부동산의 세계로 깊이 빠져들었다.

리 사장은 지금 건물 하나를 짓고 있는 게 아냐. 유비처럼 하나의 나라를 건설하고 있어.

유비가 그를 따르는 벗들이 없었으면 천하 통일의 꿈을 꿀 수 없었듯이 리 사장을 이끄는 힘은 바로 저 벗들이구나!

리카싱의 이 결정은 운명을 바꾸어 놓았다. 만약 그가 부동산 개발 사업에 용기 있게 뛰어들지 않았다면

아시아 1, 2위, 전 세계 손에 꼽히는 브자로, 그 누구도 상상 못 할 엄청난 기부 활동을 펼치는 오늘날의 리카싱은 없었을 것이다.

그러나 부동산 사업이 처음부터 잘되었던 것은 아니다.

리카싱이 엄청난 규모의 건물을 짓기 시작한 바로 다음 해 1959년부터 홍콩의 경제는 한 번도 경험하지 못한 극심한 침체의 늪에 빠졌다.

그 침체는 11년 동안이나 계속되었다.

거기에, 당시 홍콩을 지배하고 있던 영국에 맞서는 폭동까지 일어나, 사회 분위기는 더욱 어수선해졌다. 그리고 부동산 가격은 뚝 떨어졌다.

사장님! 이 기사 좀 보세요!

… 사 놓으신 건물 값이 반토막이 났어요.

저 표정은 뭐지?

그건 우리가 점 찍어 둔 물건을 절반 가격에 살 수 있다는 말이군!

갖고 있는 게 5분의 1로 떨어졌다고 실망할 게 아니라, 5분의 1 가격으로 더 많이 살 수 있다는 걸 생각해야지.

지금은 천 년에 한 번 올까 말까 한 투자 기회야. 언제 홍콩 땅 가격이 이렇게 떨어지겠어?

헐값에 내놓은 땅과 건물 중에 괜찮은 것들을 모조리 뽑아 주게.

이제 팔 걷어붙이고 본격적으로 부동산 사업을 해보자고!

…!

점이 모여서 선이 되고, 선이 모여서 면이 된다.

지금 우리가 사는 땅은 한낱 점에 불과하겠지만, 그 점들을 모아 면으로 만드는 거다.

세상 사람들이 앞다투어 땅과 회사를 팔려고 할 때 리카싱은 확신과 끈기를 가지고 조심스럽게 사 모으기 시작했다.

그리고 1969년, 마침내 11년에 걸친 경제난이 끝이 났다.

앞으로 더 떨어질지도 모를 부동산을 큰돈을 들여 사는 리카싱의 행동은 무모해 보였지만

그는 대나무를 키우듯 차근차근 자신의 계획을 실천해 나가고 있었다.

홍콩의 경제는 다시금 살아나기 시작했고, 우후죽순* 생겨난 회사들은 저마다 사무실이 필요했다.

* 우후죽순(雨後竹筍): 비가 온 뒤에 솟는 대나무의 새순이라는 뜻으로, 어떤 일이 한번에 많이 일어남을 뜻한다.

사무실로 쓸 건물과, 공장으로 쓸 땅 값이 치솟기 시작했고, 그때까지 땅속에서 조용히 잠자고 있던 리카싱의 부동산들은 5년이 지난 대나무처럼 쭉쭉 뻗어나기 시작했다.

그리하여 홍콩의 경제가 살아날 무렵, 리카싱은 소리 소문도 없이 홍콩 제1의 부자가 되어 있었다!

한번은 이런 일이 있었다.

리카싱이 홍콩 정부와 손을 잡고 부동산 프로젝트를 진행하려는 때였다.

사장님!

정부에서 프로젝트를 거절해 왔어요.

이유가 뭐라던가? 협상이 잘되고 있었는데, 왜?

우리가 내겠다고 한 토지 사용 가격이 너무 낮다고 합니다.

그 가격이 낮다고? 모든 것을 고려해서 정한 가격인데?

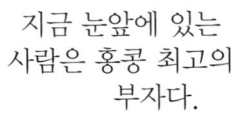

### 여섯 번째 이야기
## 인재를 소중히 여기는 사람

청쿵이 성장하여 여러 회사를 거느리게 되면서, 리카싱의 머릿속에는 한 가지 생각이 떠나지 않았다.

회사를 처음 세웠을 때는 자신에게 의지하고,

회사가 성장하면 조직에 의지해야 한다. 이젠 나를 대신할 젊고 유능한 관리자가 필요하다.

리카싱은 의리가 있는 사람이었다.

앞으로 20년 후면 회사를 함께 일군 직원들의 자리도 젊은 사람들이 이어야 한다.

이왕이면 그 직원들의 자녀 중에서 찾아보자. 분명히 인재가 있을 거야.

헌데… 무슨 좋은 방법이 없을까?

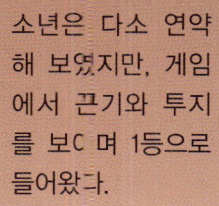
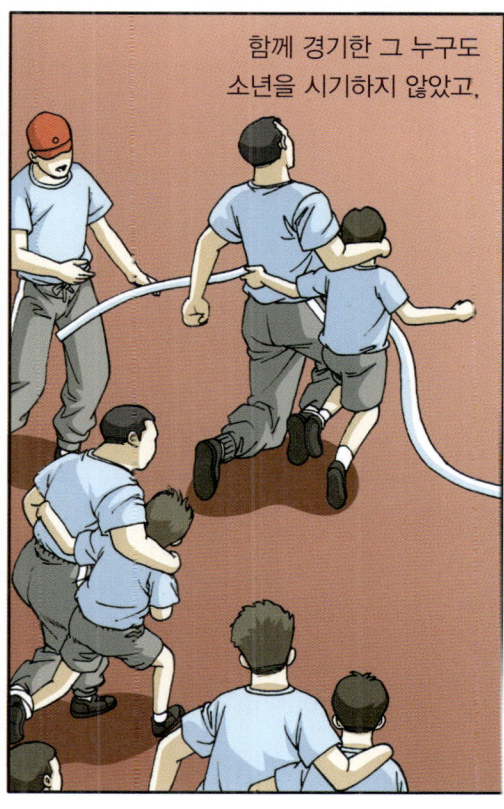

리카싱이 저우녠마오와 같은 초창기 직원들의 자녀들만 미래의 인재로 키운 것은 아니었다.
그는 다양한 방법과 노력으로 인재들을 찾아 키워 냈다.

1979년 훠젠닝의 집

따르르릉

○○회사입니다. 이번 채용에 합격하신 것을 축하합니다.

아주 유능한 친구입니다.

그럼 대우는 어떻게 되나요?

그야 신입사원에 맞는 대우를…

전 이미 미국에서 충분히 검증받은 경제 전문가입니다! 주식 거래에서 엄청난 수익을 올린 경험도 있고요!

그런데도 말단 신입사원으로 들어가서 몇 년을 서류 심부름이나 하란 말입니까?

… 당신의 능력은 인정하지만 그게 회사 규정입니다.

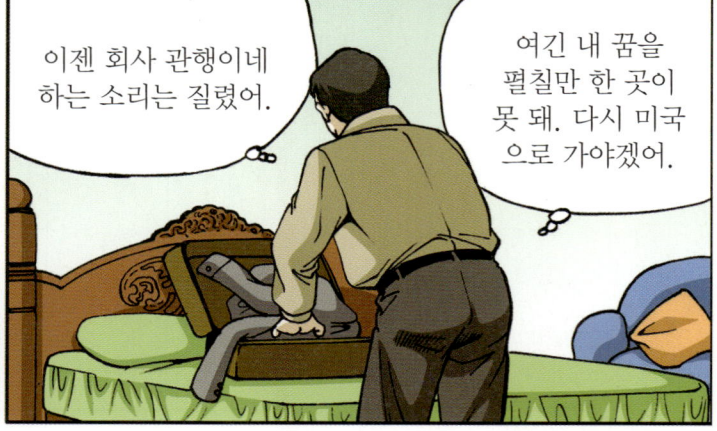

"1,000명을 지휘하는 것은 100명을 지휘함만 못하며, 100명을 지휘하는 것은 10명을 지휘함만 못하며, 10명을 지휘하는 것은 1명을 지휘함만 못하다." -리카싱-

회사가 커지고 일의 양이 많아지면 업무를 맡길 인재가 필요하고, 그 인재를 잘 관리하는 것이 혼자서 많은 일을 다 해내려고 애쓰는 것보다 훨씬 효율적이다. 리카싱은 이것을 알고 인재를 발굴하는 데 아낌없이 투자했다.

세대가 바뀐 청쿵에서 부동산 사업은 저우녠마오가,

돈을 관리하는 일은 훠젠닝이,

빌딩 판매는 홍샤오렌이 맡았다.

사람들은 이들을 청쿵의 '신트로이카*'라고 불렀는데, 이들 중 홍일점인 홍샤오렌은 1960년대 말에 리카싱의 눈에 띄었다.

이때 리카싱은 세계 최고 수준의 플라스틱 기업을 이끌고 있었고 부동산 투자에도 열정을 쏟고 있었다.

* 트로이카: 삼두마차를 뜻하는 러시아 말로, 어떤 일을 주도적으로 이끄는 세 사람을 이르기도 한다.

앗싸! 여기서부턴 달리기!

맨발…?

휴-, 여기가 오늘부터 내가 일할 곳이야!

# 리카싱 회장의 사람을 사귀는 기준, 육불합·칠불교

리카싱 회장은 일을 할 때도 사람을 대할 때도 너그럽고 성심성의(참되고 성실한 마음과 뜻)를 다하는 사람으로 알려져 있어요. 그런 그가 피하는 사람, 사귀고 싶지 않은 사람, 함께 일하기 싫은 사람이 있다고 해요. 그는, 같이 일하지 말아야 할 여섯 종류의 사람(육불합), 사귀지 말아야 할 일곱 종류의 사람(칠불교)을 정해 놓았는데, 과연 어떤 사람들일까요?

함께 살펴보며 나는 어떤 사람과 사귀기를 싫어하는지, 반대로 나는 이런 사람은 아닐지 생각해 봅시다.

### 육불합(六不合)
— 함께 일하지 말아야 할 여섯 종류의 사람

1. **개인적인 욕심이 강한 사람과 일하지 마라.**
   이들은 다른 사람이 겪는 고통은 보지 않고 자기의 이익과 결과만을 중요하게 생각한다.
2. **사명감이 없는 사람과 일하지 마라.**
   이들에게는 돈 버는 것만이 유일한 목적이다.
3. **인간미 없는 사람과 일하지 마라.**
   함께 있어도 즐겁지 않다.
4. **부정적인 사람과 일하지 마라.**
   이들은 내가 가지고 있는 긍정적인 힘마저 빼앗을 것이다.
5. **삶의 원칙이 없는 사람과 일하지 마라.**
   이들은 이익을 얻는 것만이 삶의 원칙이라고 생각한다.
6. **감사할 줄 모르는 사람과 일하지 마라.**
   은혜를 모르면 반드시 배신한다.

중국의 소수 민족 초등학교를 방문한 리카싱 회장
(© 리카싱 기금회)

### 칠불교(七不交)
―사귀지 말아야 할 일곱 종류의 사람

1. **불효하는 사람과 사귀지 마라.**
2. **다른 사람에게 각박한 사람과 사귀지 마라.**
   겸손하지 못하고, 아무 말이나 내뱉고, 다른 사람의 입장을 생각하지 않는 사람은 종종 다른 사람에게 해를 끼친다.
3. **지나치게 따지는 사람과 사귀지 마라.**
   모든 일에 시시콜콜 따지며, 손해 보는 것을 두려워하고, 기회만 있으면 자기 이익을 욕심내고, 속이 좁고, 싸구려만 좋아하는 사람과 사귀는 것은 옳지 않다.
4. **받기만 하려는 사람과 사귀지 마라.**
   모든 일은 주고받아야 한다. 주는 만큼 받게 되며 작은 베풂이 큰 보답으로 으기도 하는데, 이기적이고 받기만 하려는 사람과 어찌 사귀겠는가!
5. **아부를 잘하는 사람과 사귀지 마라.**
   세상에는 쉽게 태도를 바꾸고, 이익 앞에서 의리를 버리고, 이기적이며 의리 없는 사람이 많다. 이들은 세상을 살아가는 데 가장 위험한 인물이다.
6. **권력자 앞에서 원칙이 없는 사람과 사귀지 마라.**
   누구에게나 존엄과 인격이 있고, 지위의 높고 낮음이나, 부유함이나· 가난함이나, 귀함이나 천함 없이 모두가 평등한 존재다. 사람에 따라 우러러보거나 깔보는 사람과는 사귀지 마라.
7. **동정심이 없는 사람과 사귀지 마라.**
   악한 사람이나 이기적인 사람과 친구가 되는 것은 늑대 곁에 있는 것과 같다.

### 일곱 번째 이야기
## 재능을 기부하다

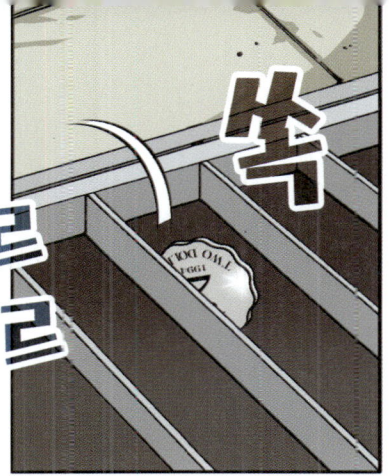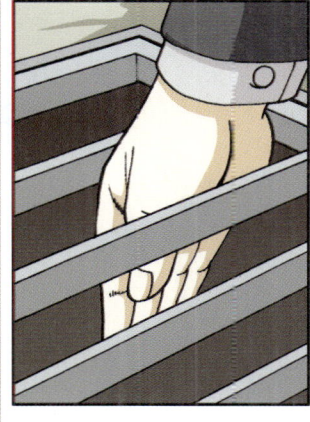

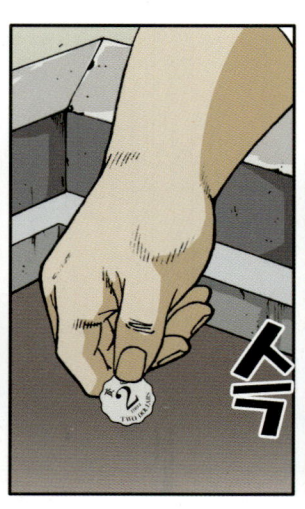

## 리카싱의 청쿵 그룹

1950년 플라스틱 공장으로 시작한 리카싱의 사업은 8년 뒤 홍콩 제일의 부동산 투자회사로 성장했고, 지금은 부동산, 전기, 통신, 슈퍼마켓 등 전 생활에 걸쳐 물품과 서비스를 제공하는 거대 기업이 되었다.

또한 해외에서도 북미와 유럽의 에너지와 통신 회사 들을 사들이고 우리나라의 부산과 광양 항에는 컨테이너 터미널을 소유하고 있는 등, 청쿵은 오늘날 54개국에 500여 개 회사를 거느린 글로벌 그룹으로 우뚝 서 있다.

홍콩에는 홍콩 사람이 1달러를 쓰면 그중 5센트는 리카싱의 주머니로 들어간다는 말이 있다. 홍콩 사람들이 매일 쓰는 전기며 휴대 전화 서비스, 물건을 사러 가는 슈퍼마켓, 생활용품점, 전자제품점 등 일상생활에서 돈을 지불하고 이용하는 것들이 리카싱의 소유이기 때문이다. 그는 맨손으로 홍콩 최고의 부를 거머쥔 사람이 되었다.

이러한 성공 신화만큼이나 리카싱은 많은 기부를 한 것으로 유명하다.

중국 쓰촨 성 대지진 피해 지역 기부,

화둥 수해 지역 기부,

산터우 대학과 병원 설립 등 그는 아낌없는 기부를 해 왔다.

또한 오늘날의 재능 기부와도 같은 것을 했는데,

그 좋은 예가 영국 국적의 변호사 리예광이다.

리예광은 능력이 뛰어난 회계사 겸 변호사였는데, 일찍이 리카싱이 발굴하여 청쿵 그룹의 이사가 되었다.

그러나 뛰어났던 그의 능력을 혼자 쓰기 아까워한 리카싱은 청쿵 그룹뿐만 아니라 홍콩의 다른 회사들도 골고루 그의 도움을 받을 수 있도록 배려했다.

### 재능 기부

돈이나 물건이 아닌, 개인이 갖고 있는 재능이나 전문 지식을 사회와 나누는 새로운 형태의 기부다. 리카싱은 사업을 할 때 자신이 키운 인재를 혼자서 독차지하지 않았다. 탁월한 능력을 가진 인재를 홍콩의 다른 회사들도 활용할 수 있도록 하여, 홍콩 사회가 그 이익을 나눌 수 있는 분위기를 만들었다.
요즘 우리 주변에도 이러한 기부를 하는 사람들이 늘고 있다. 어려운 이웃을 찾아가 머리를 손질해 주는 미용사, 곤경에 처한 가난한 사람들에게 무료 법률 상담을 해 주는 변호사, 가정 형편이 좋지 않은 학생들의 공부를 돕는 대학생 등 많은 사람들이 자신이 가진 지식과 기술, 재능을 이웃과 나누는 일에 동참하고 있다.

"도대체 이게 말이 됩니까?"

"우리 회사도 모자라서 다른 회사 이사까지 하고 있는 인물이잖아요."

"그런 사람에게 그룹 전체의 이사 자리를 주겠다는 겁니까?"

"그렇지요. 이건 회장님이 실수하시는 겁니다."

"회사 기밀이라도 새어 나가면 어쩌려고 그러시나…."

"그런데 대체 어떤 사람이기에 홍콩 전체가 그 사람을 못 데려가서 난릴까요?"

"저도 그 잘난 얼굴, 한 번 봤으면 좋겠습니다."

"이사님들, 곧 회의가 시작됩니다."

툭
툭
툭

1988년 말, 두후이롄은 친구와 함께 금융 회사를 열었고, 이 소식은 리카싱에게 전해졌다.

그리고 크리스마스이브 날, 홍콩의 내노라하는 기업체 대표들에게 리카싱의 초대장이 배달되었다.

특종이야!

홍콩 경제계 거물 18명이 한자리에 모였어!

홍콩 전체가 술렁이고 있어! 대체 무슨 일이지?!

연회장 안

일찍이 나에게 많은 도움을 준 두후이롄 군이 회사를 만들었습니다.

그리고 캐나다 최대 석유회사를 인수했을 때의 일이다.

펑 펑 펑 펑

이때 리카싱이 캐나다의 큰 기업을 사들인 일은 홍콩은 물론 캐나다에 있는 중국 동포들에게 자랑스런 일이었다.

홍콩으로 돌아가던 날

부우웅

끼이익

우루루

회장님, 저희는 앨버타에서 온 교수들입니다. 이걸 전해 드리고 싶어서 왔습니다.

...

외국에서의 그의 성공은 중국인들에게 그 어떤 기부보다 값지고 의미 있는 것이었다.

여러분이 제가 가야 할 길을 가르쳐 주었습니다!

바로 그때부터 13억 중국 동포를 향한 리카싱의 본격적인 기부가 시작되었다!

"달은 고향의 달이 제일 밝다.
나는 조국을 사랑하고 그리워한다.
조국과 고향을 위해 힘쓰는 것을 영광으로 생각한다."
– 리카싱 –

### 여덟 번째 이야기
## 고향에서 온 편지

• 국경절: 1949년 10월 1일 중화 인민 공화국의 탄생을 기념하는 날.

리카싱이 처음 조국을 위해 기부를 생각한 것은 1978년, '홍콩·마카오 동포 국경절• 귀국 관광 여행단'으로 베이징을 다녀온 이후였다.

• 중화(中華): 세계 문명의 중심이 중국이라는 뜻으로, 중국인들이 자기 나라를 이르는 말.

## 문화 대혁명

1966년부터 1976년까지 10년 동안 중국의 최고 지도자 마오쩌둥[毛澤東]이 이끈 극단적인 사회주의 운동이다. 사회주의 문화를 건설하겠다는 목적으로 중국 사회에 있는 자본주의적인 생각과 문화, 습관을 몰아내는 일을 하였고, 이때 마오쩌둥에 반대하는 많은 지식인이 처단되거나 하이난 등으로 쫓겨나 재교육을 받았다.

그날 밤 리카싱은 잠을 들지 못했다. 그리고 다음 날 조용히 떠났다.

차오저우 시에는 시민 아파트 4개동을 지었다. 그러나 그 일로 고향에 대한 빚을 다 갚았다고 리카싱은 생각하지 않았다.

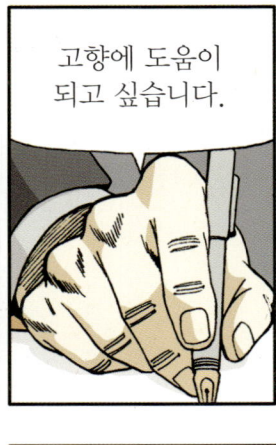

고향에 도움이 되고 싶습니다.

리 회장께서 우리 시를 돕고 싶다고 편지를 보내왔습니다.

잘됐습니다! 극장 하나 지어 달라고 합시다.

홍콩 최고의 기업이니 지역 문화 발전에 힘을 보태라고 하면 좋을 것 같습니다.

맞습니다.

그거 좋은 생각입니다.

우리 시에도 극장이 필요하지요.

극장이라면 문화 사업이니 그것도 좋겠군요.

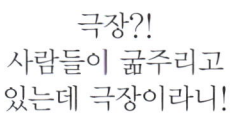

리 회장의 뜻대로 병원부터 지어, 우리도 시민들의 생활 안정부터 챙깁시다.

리카싱은 고향 정부에 총 2,200만 홍콩달러(우리 돈 30여억 원 정도)를 투자하여 차오저우 병원과 조안 병원을 짓도록 하였다.

그는 기부한 모든 돈이 의료 위생 사업에 온전히 쓰이기를 희망했다.

홍콩에 있는 리카싱의 집

기부 사업으로 홍콩과 중국을 오가는 바쁜 스케줄에도

어머니에게 드리는 보양 음식만큼은 리카싱이 직접 챙겼다.

"천하를 다스리는 일은 인재에게 있고,
천하의 인재를 만드는 것은 교화•에 있고,
교화의 근본은 학교에 있다."

– 리카싱 –

• 교화: 가르치고 이끌어서 좋은 방향으로 나아가게 하는 것.

공사가 시작되면서 리카싱은 건물을 세우는 것은 물론 학교 교과 과정과 도서 자료, 기숙사 등 세밀한 문제에도 관심을 기울였다.

…

이런 집에는 나도 살지 않는데, 어떻게 교수들을 살게 하겠습니까?

모두 떼어 내고 좋은 재료로 다 바꾸세요!

저, 회장님. 한 군데만 수리해도 2,000위안이 넘게 들어갑니다.

그게 뭐가 문제란 말입니까?

리카싱의 노력과 관심, 엄청난 기부금에 힘입어, 1981년 마침내 산터우 대학이 문을 열었다.

사람들은 처음에 대학 이름을 '리카싱 대학'으로 하려고 했지만, 리카싱은 대학 이름은 커녕 대학 안 어디에도 자신의 이름을 남기지 못하도록 하였다.

### 산터우 대학

1981년 중국 광둥 성 산터우 시에 세워진 종합 대학이다. 중국의 명문 대학으로, 특히 의과 대학이 유명하다. 중국에서 유일하게 '리카싱 기금회'가 장기적으로 지원하고 있는 학교다.

때문에 캠퍼스 어디에서도 리카싱의 흔적을 찾을 수 없다.

하지만 학생들은 그가 방문하면, 너나 할 것 없이 모여들어 열렬히 그를 환영한다.

리 선생님이다!

고향 땅을 위하여 의료와 교육에서 시작한, 조용하지만 힘 있는 리카싱의 기부는 이윽고 장애인들을 만나며 온 사방에 꽃을 피우게 된다.

"사업에서는 당연히 돈을 벌어야 하지만 쓸 기회가 있으면 그 돈을 써야 한다. 돈을 좋은 곳에다 쓸 수 있어야만 일생 동안 돈을 번 것이 비로소 보람 있게 된다."

－리카싱－

# 기부, 돈으로만 한다? NO!
# 우리 생활 속 다양한 기부

'기부' 하면 돈 있는 사람들만 하는 뭔가 거창한 것으로 생각하는 친구들이 많지만, 요즘에는 이웃을 돕는 다양한 방법들이 있답니다.

기부에는 어떤 것들이 있는지 살펴보고, 나는 어떤 기부를 할 수 있을지 생각해 봅시다.

## 돈으로 돕는 '현금 기부'

우리가 아는 가장 기본적인 기부입니다. 기부 단체에 한 번 또는 주기적으로 돈을 기부하여 꼭 필요한 곳에 적절한 도움이 전달되도록 하는 것이에요. 매월 집으로 배달되는 적십자회비 모금 용지나 겨울철 구세군 냄비가 대표적인 것입니다.

우리가 기부한 돈은 기부 단체를 통해, 우리나라 전 세계 어려운 이웃들이 밥을 먹고 옷을 입고 공부를 하고 병을 치료할 수 있도록 돕는 데 대부분이 쓰이고요, 일부는 단체가 계속해서 일을 할 수 있도록 사람을 쓰고 건물을 빌리는 등에 쓰여요.

보통 기부 단체들은 기부금을 모으는 일과 봉사하는 일손을 모으는 일을 같이 하는데, 잘 알려진 기부 단체로는 굿네이버스, 사랑의 열매, 세이브더칠드런, 월드비전, 유니세프 등이 있답니다.

또 기부 단체가 아니더라도 사회 문제를 위해 활동하는 단체들이 있어요. 이곳에서도 기부를 받아 의미 있고 가치 있는 활동을 하는데요, 대표적인 곳이 지구

매달 가정으로 배달되는 적십자회비 모금 용지.

### NGO

Non-Government Organization, 우리말로 '비정부 간 국제 기구' 혹은 '비정부 기구'라고 한다. 세상의 여러 문제를 해결하기 위해 정부가 아닌 시민 스스로 만든 국제 조직으로, 환경이나 난민 문제, 복지, 빈민 구제, 인권 등 다양한 문제에 대해 활동한다. 기업처럼 이익을 내는 단체가 아니기 때문에 주로 기부로써 운영된다. 인권 단체인 앰네스티, 환경 단체인 그린피스, 구호 단체인 유니세프, 의료 단체인 국경 없는 의사회 모두 NGO 단체다. 지금은 그 의미가 넓어져, 한 나라나 어떤 지역 사회의 문제를 해결하는 단체까지 NGO로 보고 있다.

환경을 보호하는 데 앞장서는 그린피스입니다. 이곳에 기부를 하면 수가 줄고 있는 고래를 보호하고, 남극의 바다와 북극을 보호하는 일을 도울 수 있어요.

### 취미나 특기, 전문 능력을 나누는 '재능 기부'

〈빅이슈〉라는 잡지가 있어요. 영국에서 처음으로 만들어진 이 잡지는 집 없는 노숙자들의 자립을 돕고 있는데, 바로 이 잡지가 재능 기부로 만들어졌어요. 기사를 쓴 사람이나 표지에 실린 유명인 모두 돈을 받지 않고 자신의 재능을 기부하여 잡지를 만들어요. 그렇게 만들어진 잡지는 노숙자들에게 전달되어, 그들은 잡지를 팔고 번 돈

〈빅이슈〉 홈페이지. 〈빅이슈〉는 다양한 사람들의 재능 기부로 만들어지는 잡지로, 노숙자들의 자립을 돕는다.

의 반을 받아 생활도 하고 저금도 하면서 노숙인의 삶에서 벗어날 준비를 한답니다.

이와 같이 재능 기부는 자신의 취미나 특기, 전문 능력을 좋을 일을 위해 나누는 것으로, 대단한 능력이 없어도 함께하고자 하는 마음만 있다면 어떤 형태로든 동참할 수 있답니다. 대학생 언니오빠들이 생활이 어려운 친구들을 찾아가 공부를 가르쳐 주는 것이나 홀로 계신 할머니 할아버지를 찾아가 머리 손질이나 안마를 하는 것 모두 재능 기부예요.

또 시각장애인들을 위한 오디오북을 만드는 데 목소리를 기부할 수도 있고 점자책을 만드는 데 필요한 컴퓨터 입력 봉사도 할 수 있어요. 어떤 사람들은 취미를 살려, 아시아나 아프리카의 갓 태어난 아기들이 체온을 유지하여 건강하게 자랄 수 있도록 털모자를 떠 보내기도 하고, 어떤 친구들은 부모님과 함께 집짓기 봉사에 참여하여 집이 필요한 사람들에게 집을 지어 주기도 해요. 이렇듯 재능 기부에는 다양한 방법이 있답니다.

## 그 외 특별한 기부

헌혈을 꾸준히 하여, 생명을 구할 뿐 아니라 헌혈하고 난 뒤 받은 헌혈증을 기부하는 사람들도 있어요. 헌혈증이 있으면 일정량의 혈액을 무료로 받을 수 있어서 많은 피가 필요한 사람들에게 큰 도움이 되거든요(헌혈은 만 17세 이상만 할 수 있답니다).

또 소아암 환자들의 가발을 만들어 주기 위해 머리카락을 나누는 '어머나 운동'이라는 것도 있어요. 25센티미터 이상의 머리카락을 가지런히 모아 기부하면 된다고 해요.

'미리내 기부'라는 것은 '미리내 가게'에서 돈을 더 내어 어려운 이웃도 그 가게를 이용할 수 있도록 하는 것이에요. 예를 들면 '미리내 가게'로 등록한 식당에서 밥을 먹고 내가 계산할 돈보다 더 내면, 돈이 없어 밥을 못 먹는 친구들이 와서 밥을 무료로 먹을 수 있는 거지요.

그 외에, 기부 팔찌나 기부 인형 등을 사면 그 돈의 일부가 필요한 곳에 전달되는 간접 기부도 있고, 인터넷 포인트로 기부를 하는 방법, 어플을 깔고 많이 걸으면 그 누적 걸음만큼 성금이 전달되는 기부 등 재미있게 참여할 수 있는 기부들이 많이 생겨나고 있답니다.

## 여기서 잠깐! 슈퍼리치들은 어디에 기부할까?

슈퍼리치들의 기부

1. 교육 - 20명 중 18명
2. 건강·의학 - 20명 중 16명
3. 복지·인류애 - 20명 중 11명
4. 공동체 발전 - 20명 중 8명
5. 예술·문화 - 20명 중 5명

2015년, 미국의 한 경제 매체에서 '세계에서 가장 관대한 20인'을 뽑았는데, 이들이 어디에 기부를 많이 했는지 살펴본 결과, 세계 최고 부자들인 슈퍼리치들은 다음의 다섯 분야에 많은 기부를 하고 있었습니다.

1위는 교육. 리카싱 회장을 포함하여 마크 저커버그 페이스북 창업자와 마이클 블룸버그 전 뉴욕 시장 등 슈퍼리치 20명 중 18명이 다음 세대를 위한 교육에 기부를 했어요.

2위는 건강과 의약 분야로, 20명 중 16명이 큰 관심을 가지고 활동하고 있었으며, 특히 빌 게이츠 부부가 세운 '빌앤멜린다 게이츠 재단'은 이 분야에 가장 큰 힘을 쏟고 있었습니다. 마이크로소프트의 공동 창업자인 폴 앨런과 면세점 사업가로 억만장자인 척 피니도 지구촌 건강 문제에 많은 기부를 했어요.

3위는 복지와 인류애를 위한 분야예요. 어려운 사람들이 보다 나은 생활을 할 수 있도록 돕고 인신매매 등 범죄가 심각한 나라를 지원하여 생활 환경이 나아지게 하는 일 등에 11명의 부자가 지원하고 있었어요.

4위는 공동체 발전 분야로, 시민들이 보다 편리하고 윤택한 삶을 살도록 돕거나 지방 정부가 보다 잘 운영되도록 지원하는 일에 8명이 돕고 있었습니다.

5위에 오른 분야는 예술과 문화로, 미술관을 세우거나 예술 작품을 수집하는 등 인류 문화를 지키고 인간의 삶을 풍요롭게 하는 예술을 지원하는 일에 5명의 부자들이 참여하고 있었어요.

## 아홉 번째 이야기
## 기부의 나비 효과

"한 사람의 생명을 구하는 것이 7층 불탑을 쌓는 것보다 낫다."라는 말이 있다. 리카싱이 이 말을 직접 실천한 일이 있었다.

1991년, 중국에서는 안후이 성, 장쑤 성을 비롯하여 18개 성, 자치구, 직할시 등에서 심각한 자연 재해가 일어나, 전국적으로 1,270여 명이 목숨을 잃는 일이 일어났다.

중국의 주요 성과 성의 주요 도시(성도)

### 화둥[華東] 지역

중국의 경제 수도인 상하이를 비롯하여 난징, 쑤저우, 우시 등의 경제 도시가 속해 있는 창장[장강, 長江] 삼각주 경제권으로, 중국 최대 교통물류 중심지이자 금융·무역·상업의 중심지다. 1991년 자연재해 때 이 지역이 많은 피해를 입었다.

- 상하이
- 저장 성
- 장쑤 성
- 안후이 성

188

중국 정부는 적극적으로 복구 활동을 펼쳤지만 피해를 입은 지역이 워낙 넓고 피해도 심각해서 노력에 비해 상황이 좀처럼 나아지지 않았다.

다음은 '중국 정부의 긴급 호소문'입니다.

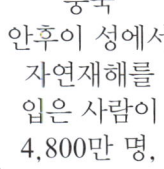

중국 안후이 성에서 자연재해를 입은 사람이 4,800만 명,

장쑤 성에서는 4,200여만 명이고…

회장님, 왜 그만 드십니까?

고국이 저리 위급한데 한가롭게 밥을 먹고 있을 수가 없네. 전화를 해야겠어.

지금 바로 청쿵 실업의 장쑤 성, 저장 성 책임자들을 연결해 주게.

네, 알겠습니다.

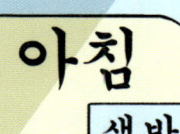

"홍콩에 사는 우리 수많은 중국인들이 힘을 모으면 매우 큰 힘이 될 것입니다."

리카싱이 시작한 기부는 민들레 홀씨가 바람에 날려 퍼지듯이 홍콩과 중국 방방곡곡으로 퍼져 나갔고,

그 결과, 홍콩의 유명인과 대기업 회장, 그리고 어린아이부터 중·고등 학생, 백발의 노인 들까지 기부에 동참하기에 이르렀다.

이 일로 홍콩 시민들은 조국에 대한 애국심과 '돈이 있으면 돈으로, 힘이 있으면 힘으로' 돕는 기부의 참 의미를 깨닫게 되었다. 리카싱이 앞장선 모금 운동은 홍콩 연예계에 '혈농어수' 운동으로 이어졌다. 이 운동은 방송가에서 두 달 이상 계속되는 진기록을 낳았다.

• 혈농어수(血濃於水): '피는 물보다 진하다.'라는 뜻.

"사람마다 생명은 한 번뿐이다.
만약 살아 있는 동안
인류에 작은 도움이라도 될 수 있다면
나는 그것으로 족하고 죽어도 여한이 없다."

— 리카싱 —

오늘 저희 예술단의 공연이 있습니다. 선생께서 와 주시면 영광이겠습니다.

덩 선생, 그 아인 어디 있습니까?

밍밍인 무대 뒤에서 준비하고 있습니다.

짝 짝 짝 짝 짝

한번 가 보겠습니다.

거긴 지저분해서 선생께서 가실 만한 곳이 못 됩니다.

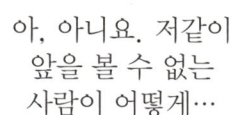

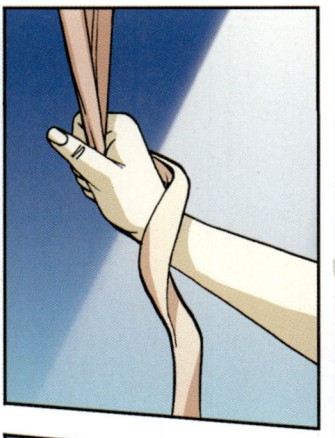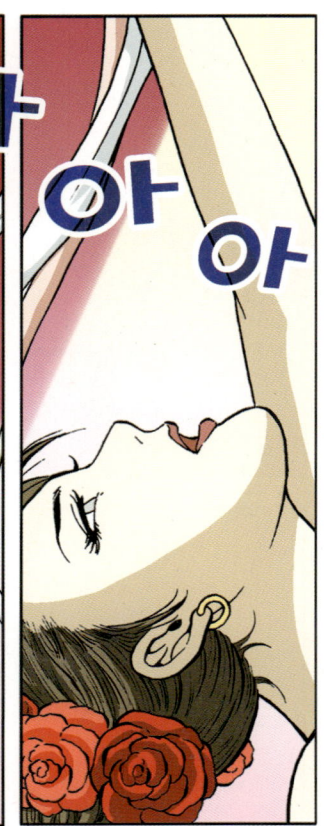

앞으로 저희는 5년 안에 대륙의 400만 백내장 환자들의 시력을 찾아 줄 것입니다.

덩푸팡은 리카싱의 기부금을 씨앗으로 삼아, 장애인 사업에 대한 중국 사회의 관심을 이끌어 냈다.

그리고 이들의 도움을 받은 사람은 처음 목표를 넘어 6,000만 명에 이르렀다.

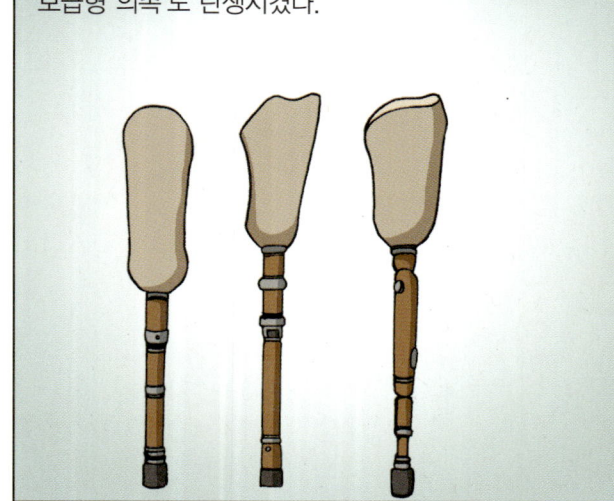

백내장 치료에서 시작한 리카싱의 장애인 기부는 '청쿵 보급형 의족'도 탄생시켰다.

중국 간쑤 성에 살던 멍샹옌이라는 사람은 절벽에서 떨어져 두 다리를 잃게 되었다.

"나무 한 그루를 심으면 백의 수확이 있다."

– 리카싱 –

이 말은 중국 춘추 시대의 제나라 재상 관중이 지은 《관자(管子)》에 있는 글귀로, 리카싱이 기부를 하면서 입버릇처럼 하는 말이다. 그의 기부 정신을 잘 보여 주는 말이다.

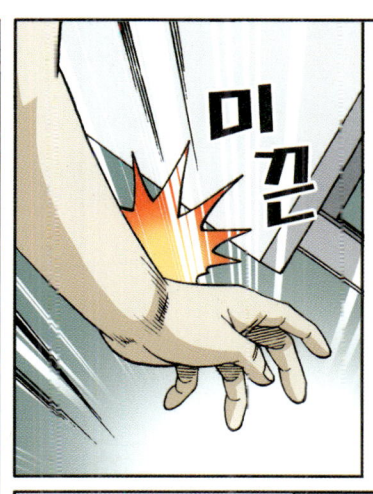

어느 날, 리카싱 앞으로 수많은 사람들의 이름이 적힌 특별한 선물이 도착했다.

그것은 리카싱의 도움으로 새 삶을 살게 된 장애인들이 감사의 마음을 담아 보내온 선물이었다.

### 열 번째 이야기
# 아버지의 이름으로

1963년, 35살의 젊은 사업가 리카싱은 31살의 쫭웨밍과 결혼했다. 15살 때부터 키워 온 사랑이 결실을 맺은 것이다.

그리고 1년 뒤 큰아들 리저쥐가 태어나고, 2년 뒤에는 작은아들 리저카이가 태어났다.

쫭웨밍은 홍콩 대학교를 졸업한 엘리트로 매우 똑똑하고 미모 또한 빼어났지만, 결혼 후 아이를 키우고 살림을 사는 일에만 전념했다.

그녀는 모습을 드러내지 않아 취재를 하고 싶어하는 기자들의 애를 태웠다.

심지어 부부 동반 파티에도 얼굴을 비치지 않았다. 리카싱을 잘 아는 한 친구는 인터뷰에서 이런 말을 했다.

리카싱을 이야기할 때 사람들은 거물 리카싱만 이야기할 뿐, 그를 뒷받침하는 현숙한 아내에 대해서는 이야기하지 않습니다.

그러나 좡웨밍의 내조가 없었다면 리카싱은 지금처럼 사업에 몰두하기 어려웠을 겁니다.

이러한 좡웨밍이 공식적인 자리에 딱 한 번 나타난 적이 있는데

1989년 12월 31일, 한 호텔에서 열린 신년 축하 파티에서였다.

오늘도 리 회장님은 혼자 오시겠지?

당연하지. 부부 동반 파티에도 늘 혼자 오시는데, 뭐.

맞아, 그 마나님 얼굴 본 사람이 없다고 하더군.

쟝웨밍은 두 아들에게 직업에는 귀천이 없으며, 다른 직업과 다른 위치의 사람들도 존중해야 한다고 가르쳤다.

이사회 회의장

• 상도: 상도덕(商道德). 상업 활동에서 지켜야 할 도덕.

지는 게 이기는 거?

두 형제는 부모의 가르침과 주변의 관심 속에 훌륭하게 자라났다. 둘은 나란히 미국 스탠퍼드 대학을 졸업한 후 청쿵에 입사하려 했지만, 리 카싱은 단호하게 거절했다.

청쿵에 너희를 위한 자리는 없다. 직접 세상에 나가 부딪히고 경험을 쌓거라.

이후 리저쥐는 개인 회사를 세웠고, 리저카이는 토론토 투자은행의 최연소 공동 경영인이 되었다.

두 사람 모두 캐나다 기업계에서 인정받는 인물이 되었을 즈음, 리카싱은 아들들을 청쿵으로 불러들였다.

우리가 아버지께 배운 건 돈 버는 방법만이 아니야.

맞아, 형. 아버진 정직한 상인이 되는 걸 가르치셨어. 지금은 그걸 알 것 같아.

리카싱은 아들들이 일하는 방법을 터득하자, 이후부터는 자신이 하는 기부 활동에 참여시켰고, '돈을 벌었을 때 기회가 오면 그 돈을 써야 비로소 의미가 있음'을 가르쳤다.

청쿵 그룹 본사

이제 나도 나이가 들었나 보군. 10시간 마라톤 회의도 끄떡없었는데 3시간 했다고 이렇게 피곤하니….

리카싱, 꿈은 클수록 좋은 거야.

지금 아무리 힘들어도 절대 꿈을 포기하지 마.

# 청쿵 그룹과 리카싱 기금회의 오늘

리카싱 회장의 청쿵 그룹은 홍콩과 아시아를 넘어 지금은 유럽의 회사들을 사들여 세계 거대 기업이 되었습니다. 그런 기업을 소유한 리카싱 회장은 전 세계 부자 20위권에 꼽히고 있고요.

우리나라 국민에게는 리카싱 회장과 청쿵이라는 이름이 낯설지만, 우리나라 몇몇 대기업은 이미 그와 손을 잡고 있고, 청쿵과 관련된 회사들 역시 우리나라에 들어와 있어요. 화장품과 생활용품을 파는 세계적인 소매점 체인인 왓슨스가 그렇고, 또 청쿵은 부산항과 광양항에 컨테이너를 싣고 내리는 터미널을 운영하고 있습니다.

전 세계에 매장이 있는 왓슨스.
(ⓒCourtesy of CK Hutchison Holdings Limited)

## 오늘날의 청쿵 그룹

오늘날 청쿵은 홍콩을 대표하는 재벌 기업이랍니다. 1950년에 플라스틱 제조로 시작하여, 이후 홍콩 증권 시장에 가장 처음 이름을 올린 회사가 되었고, 영국계 홍콩 기업인 허치슨 왐포아를 사들이면서 재벌 기업이 되었지요. 청쿵 그룹은 아주 많은 계열사를 갖고 있는데, 2015년에는 이들을 재정리하여 'CK허치슨 홀딩스'와 '청쿵 프라퍼티 홀딩스'로 나누었어요.

청쿵 그룹은 소매, 에너지, 통신, 항만, 부동산, 호텔, 항공기 임대 등 사회 전 분야에 걸쳐 다양한 사업을 하고 있어요. 홍콩 사람들이 생활 곳곳에

2007년, 리카싱 회장. 청쿵 센터에서.
(ⓒ 리카싱 기금회)

퍼져 있는 청쿵의 물건이나 서비스를 하루라도 이용 안 하는 날이 없으니, 홍콩 사람들이 1달러를 쓰면 5센트는 리카싱 회장의 주머니로 들어간다는 말은 과장이 아니에요. 리카싱 회장은 지금도 일하며 사업을 꾸준히 전 세계로 키우고 있는데요, 현재 50여 개국에서 청쿵의 기업이 활약하고 있답니다. 90세를 바라보는 나이에도 여전히 사업 현장을 누비며 날카로운 도전을 하는 그를 전 세계는 주목하고 있습니다.

## 오늘날의 리카싱 기금회

2015년, 리카싱 회장은 전 세계에 있는 중국인 가운데 기부를 가장 많이 한 사람으로 뽑혔어요. 그는 자신의 자선 단체인 '리카싱 기금회'를 통해 150억 홍콩달러, 그러니까 우리 돈으로 2조 원이 넘는 돈을 기부했다고 해요. 입이 떡 벌어질 금액인데, 매년 기부는 계속되고 있으니 그 기록은 끊임없이 깨어지겠죠.

1980년에 만들어진 리카싱 기금회는 차오저우 병원을 짓는 것을 시작으로, 대학을 세우고, 중국뿐 아니라 해외의 재해 지역을 돕고, 스탠퍼드 대학과 같은 세계 유명 대학의 의료 및 기술 연구를 꾸준히 지원해 오고 있어요.

리카싱 기금회는 장애인들의 재활과 훈련을 지원하여 그들이 평범한 삶을 살 수 있도록 돕고 있다. (© 리카싱 기금회)

이렇듯 기금회는 주로 교육과 의료 사업을 계획하고 지원하는데, 그가 의료에 관심을 갖게 된 것은 가난과 아픔을 겪었던 어린 시절의 경험 때문이었다고 해요. 리카싱 회장은 자신의 기부 활동의 중심이 되는 기금회를 '셋째 아들'이라 부르며 재산의 3분의 1을 기부하기로 약속했다고 합니다. 한번은 사람들이 그에게 왜 그렇게 기부 활동에 힘을 쏟는지 물었다고 해요. 그러자 그는 이렇게 대답했어요.

"성공한 상인과 그렇지 못한 상인의 가장 큰 차이점은, 성공한 상인은 어제보다 지혜롭고, 어제보다 너그러우며, 어제보다 삶을 잘 알고, 어제보다 잘 베풀며, 어제보다 여유롭다는 것입니다."

어제보다 나은 사람이 되고자 하는 그의 노력이 수많은 이웃의 오늘과 내일을 변화시키고 있는 것입니다.

## 되짚어 보고 생각해 보고

### 기억해 봅시다

1. 리카싱에게, 편찮으신 아버지는 평생 마음에 간직할 말을 남깁니다. 무슨 말인가요?
   ① 이제 네가 집안의 가장이니 어머니와 동생을 잘 보살펴다오.
   ② 근성을 가지고 배움의 뜻을 꺾지 마라.
   ③ 성공하려면 반드시 영어를 배워라.
   ④ 주변 사람들을 돌아봐라.
   ⑤ 선생님이 되겠다는 꿈을 절대 포기하지 마라.

2. 찻집에서 일하게 된 리카싱을 가오시라는 동료가 텃세를 부리며 괴롭히는데, 리카싱은 화를 내지 않습니다. 왜 그랬나요?
   ① 힘으로는 이길 수가 없어서
   ② 찻집 사장님이 지켜보고 있어서
   ③ 텃세는 어느 찻집에나 있으므로
   ④ 어디서든 적을 만드는 것은 좋지 않다고 생각했기 때문에
   ⑤ 찻집에서는 잠시 일할 생각이었으므로

3. 어렵게 인정받고 들어간 외삼촌의 회사를 리카싱은 1년 만에 나옵니다. 왜 그랬나요?
   ① 승진이 안 돼서　　　　② 외삼촌이 좡웨밍과의 결혼을 반대해서
   ③ 다양한 경험을 쌓고 싶어서　④ 회사가 망해서
   ⑤ 시계 시장의 미래가 불투명해서

4. 리카싱은 플라스틱 사업을 시작했을 때 큰 실수를 저지릅니다. 어떤 실수였나요?
   ① 직원들의 상황은 돌아보지 않고 기계처럼 많은 일을 시켰다.
   ② 돈을 아끼기 위해 교육을 덜 받은 노동자들을 썼다.
   ③ 주문이 밀려 거래처에 물건을 제 날짜에 보내지 못했다.
   ④ 혼자만 돈을 많이 벌고 직원들은 월급을 적게 주었다.
   ⑤ 직원들이 실수를 해도 눈감아 주었다.

## 생각해 봅시다

**1.** 아버지를 잃은 어린 리카싱은 학교를 그만두고 일해야 했습니다. 만약 여러분이 그때의 리카싱이었다면 마음이 어떠했을까요? 솔직하게 적어 봅시다.

**2.** 찻집 직원이었을 때나 철공소 직원으로 있을 때, 또 사업을 할 때도 리카싱은 사람들과의 관계에서 '인연'을 소중하게 여겼습니다. 그것이 주변에 사람들이 모이고 좋은 사업가가 되게 한 부분이기도 했습니다. 여러분은 지금 친구와의 관계에서 무엇을 중요하게 여기나요? 그래서 어떻게 행동하고 있나요? 만약에 없다면 무엇이 중요할 것 같은지 생각해 봅시다.(예. 약속, 거짓말 안 하기 등)

**3.** 리카싱은 동포를 돕는 일에서 교육과 의료를 중요하게 생각하고, 학교를 세우고, 병원을 짓고, 의료 연구를 지원하는 일을 꾸준히 하였습니다. 그런 큰일은 아니어도 여러분은 내 주변의 친구나 이웃, 지역 사회를 위해 어떤 도움을 주거나 어떤 봉사를 하고 싶나요? 왜 그런지 이유도 적어 봅시다.

**4.** 리카싱 회장의 성격이나 행동, 습관 중 본받고 싶은 것이 있다면 적어 봅시다. 그 이유도 적어 봅시다.

# 중국 근현대사와 함께 보는 리카싱 연표

| | |
|---|---|
| 1928 | 7월 29일, 중국 광둥 성 차오저우 시에서 소학교 교장인 리윈징의 장남으로 태어남.<br>**국 · 공 내전\*** 진행 중(1927~1950).<br>\*국공 내전: 1911년 신해혁명으로 중화민국(1912)이 세워진 이후, 1919년 5 · 4 운동으로 만들어진 중국 국민당과, 1921년에 만들어진 중국 공산당 사이에 벌어진 중국 국내 전쟁. 하지만 제국주의 침략에 맞서고 군벌을 무너뜨리기 위해 국민당과 공산당은 손을 잡았고(제1차 국 · 공 합작, 1924), 중 · 일 전쟁 중에도 일본군에 맞서 싸우기 위해 제2차 국 · 공 합작(1937)이 이루어진다. 그러나 전쟁이 끝난 후에 양쪽 싸움은 계속되고 결국 마오쩌둥의 공산당이 승리하면서 중화 인민 공화국이 세워진다(1949). 장제스의 국민당 정부는 타이완으로 물러난다. |

일본 관동군이 중국 둥베이 지방을 침략한 **만주 사변**이 일어남. — 1931

일본군이 당시 수도였던 난징 일대에서 12월부터 다음 해 1월까지 중국인 포로와 시민을 대량 학살(**난징 대학살**). — 1937

12세 겨울, 중일 전쟁(1937~1945)을 피해 가족 모두 홍콩으로 이주. — 1940

1942 — 14세 폐결핵으로 아버지 사망. 생계를 위해 일을 시작.

18, 19세 시계 회사에서 짧은 시간에 관리자로 승진한 데 이어 총괄 관리자가 됨. — 1946~1947

1949 — **중화 인민 공화국** 탄생.

22세 청쿵 플라스틱 회사 세움.
국 · 공 내전 종료. — 1950

1957 — 29세 플라스틱 꽃 사업의 성공을 예견하고 준비함.

30세 부동산 사업 시작. — 1958

| | |
|---|---|
| 1966 | 최고지도자인 마오쩌둥의 사상을 강조하고 전통 문화와 자본주의를 부정하는 **문화 대혁명**이 일어남. 그 영향으로 홍콩에서는 당시 홍콩을 통치하던 영국에 대한 **반영 폭동**이 일어남. |

**1971**
43세 부동산 사업이 플라스틱 사업보다 커짐.
중국의 UN 가입. 세계는 미국, 중국, 소련 3국 체제가 됨.

**1976**
제1차 톈안먼 사태* 일어남.
*역사적으로 두 가지 톈안먼 사태가 있는데, 제1차 톈안먼 사태는 1976년 4월 마오쩌둥 체제에 반발하여 일어났던 대중 반란으로, 나라에서는 당시 공산당 부주석이었던 덩샤오핑에게 책임을 물어 자리에서 물러나게 했다.

**1978**
덩샤오핑* 체제가 확립되어 **개혁·개방 정책**이 이루어짐.
*덩샤오핑(1904~1997): 중국의 혁명가이자 정치가로, 엘리트를 키우고 외국인 투자를 허용하는 등의 실용주의를 취해 중국을 크게 성장시켰다. 그의 '흑묘백묘'론이 유명한데, 검은 고양이든 흰 고양이든 쥐만 잘 잡으면 된다는 말로, 공산주의든 자본주의든 인민을 잘살게 하면 된다는 뜻이다.

**1979**
51세 허치슨 왐포아(Hutchison Whampoa Limited, HWL)를 흡수하면서 최초의 중국인 거물이 됨. 허치슨 왐코아는 〈포춘〉지 선정 500대 회사로 발전.

**1980**
52세 '리카싱 기금회' 만듦.

**1981**
53세 고향인 광둥 성에 산터우 대학교를 세움.

**1984**

56세 중국 장애인 연맹에 500만 달러 기부. 100만의 백내장 환우들의 무료 수술을 위하여 1억 달러 기부.

**1985**
57세 홍콩 전기 회사 인수. 홍콩 내 이동통신 사업 시작.

**1986**

58세 캐나다에 본사를 둔 허스키 에너지(전 허스키 오일)의 지배 지분을 얻음.

**1989**
61세 오늘날의 세계 물류 중심지가 된 홍콩의 콰이청에 터미널 설치.
민주화를 요구하는 학생과 시민들이 **제2차 톈안먼 사태**를 일으킴.

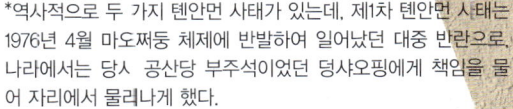

**63세** 영국에서 물자가 가장 많이 오고 가는 펠릭스토 항 인수

**1991년**

**1992년** 한국 · 중국 수교.

**1997년** 덩샤오핑 사망. **홍콩 반환**.

**70세** 청쿵 학자장려 계획 시작.

**1998년**

**1999년** 포르투갈, **마카오 반환**.

*마카오 반환: 포르투갈 상인들이 해적을 소탕한 공로로 명나라 황제로부터 하사받아 건설된 마카오는 1887년에 정식 식민지가 되었고, 1987년 포르투갈이 마카오를 반환하기로 서명한 후 1999년 12월 20일에 중국에 반환되었다.

**73세** 리카싱 기금회, 중국의 교육부와 함께 교육 및 의료 서비스 개발의 현대화를 목표로, 외딴 지역에 사는 학생을 위한 원격 교육 등 프로젝트 시작.

**2001년**

**2002년** 74세 리카싱 기금회, 산터우 대학교와 손잡고 미래 인재를 키우는 청쿵 비즈니스 대학원 세움.

**75세** 영국과 이탈리아, 오스트리아, 스웨덴, 아일랜드, 호주, 홍콩에서 3G 모바일 비디오와 멀티미디어 서비스 시작. 텔레커뮤니케이션의 새 시대를 알림.

중국, 후진타오 체제 성립.

**2003년**

**2005년** 77세 개인 자산으로 리카싱 캐나다 기금회 세움.

**2006년**

**78세** 기금회를 "셋째 아들"로 표현하며, 자선 프로젝트를 위해 개인 재산의 3분의 1을 기부하기로 약속.

**2008년**

**80세** 리카싱 기금회, 중국 내무부와 함께 입술입천장갈림을 치료하는 수술 절차와 고품질의 모델을 개발하기 위한 프로젝트 "뉴라이프" 시작, 매년 8,000명의 환자에게 무료 시술. 대지진을 겪은 쓰촨 성 지역민들 지원.

**2009년**

**81세** 리카싱 기금회, 중국 내무부와 함께 소아탈창 치료 프로그램 시작.

**2010년**

**82세** 리카싱 기금회, 홍콩인들이 지역 사회를 개선하는 일에 동참할 수 있도록 돕는 "Love HK Your Way!" 캠페인 시작.

**2013년**

시진핑이 국가주석으로 취임.

**2008**

제29회 베이징 올림픽 개최

**~2017 현재**

**89세** 현재까지 청쿵의 회장으로 현장에서 일하고 있으며 전 세계를 대상으로 교육 및 의료 지원 활동을 꾸준히 전개하고 있음.

사진 및 자료 제공: 리카싱 기금회(www.lksf.org)
참고 자료
《리자청: 부자가 되는 12가지 상도》, 리원웨이 저, 전미자 역, 책읽는사람들, 2003.
《리자청에게 배우는 기업가정신》, 따런 저, 양호영 역, 럭스미디어, 2005.
《리자청의 상략 36계》, 마치 저, 김하림 역, 다락원, 2004.
《상신 리자청》, 홍하상 저, 중앙M&B, 2004.
《21세기를 움직이는 사람들, 리자청》, 김귀현 저, 김&정, 2007.